Tadpole Books are published by Jump!, 5357 Penn Avenue South, Minneapolis, MN 55419, www.jumplibrary.com

Copyright ©2024 Jump. International copyright reserved in all countries. No part of this book may be reproduced in any form without written permission from the publisher.

Editor: Jenna Gleisner **Designer:** Emma Almgren-Bersie **Translator:** Annette Granat

Photo Credits: Ricardo Canino/Shutterstock, cover; BearFotos/Shutterstock, 1; pukach/Shutterstock, 2tl, 2tr, 8-9; slowmotiongli/Shutterstock, 2ml, 10-11; georgeclerk/iStock, 2mr, 14-15; yeshaya dinerstein/Shutterstock, 2bl, 4-5; David Jefferson/Alamy, 2br, 3; Jamen Percy/Shutterstock, 6-7; PaulVinten/iStock, 12-13; MattiaATH/iStock, 16.

Library of Congress Cataloging-in-Publication Data is available at www.loc.gov or upon request from the publisher.
ISBN: 979-8-88996-723-1 (hardcover)
ISBN: 979-8-88996-724-8 (paperback)
ISBN: 979-8-88996-725-5 (ebook)

MIS PRIMEROS LIBROS DE ANIMALES

LOS DELFINES

por Natalie Deniston

TABLA DE CONTENIDO

Palabras a saber............................2

Los delfines...............................3

¡Repasemos!...............................16

Índice....................................16

PALABRAS A SABER

aletas

cola

dientes

juegan

nada

salta

LOS DELFINES

Un delfín salta.

Él nada.

Él sale a tomar aire.

cola

¿Ves su cola?

aleta

¿Ves sus aletas?

¿Ves sus dientes?

Él come peces.

Los delfines nadan.

¡Ellos juegan!

¡REPASEMOS!

Los delfines nadan y viven en el océano. ¿Qué partes del cuerpo los ayudan a nadar? Nómbralas y apunta hacia ellas.

ÍNDICE

aire 7
aletas 9
cola 8
come 11

dientes 10
juegan 15
nada 5, 13
salta 3